3e piece.

QVESTION,

SI LA VOIX DV PEVPLE EST LA VOIX DE DIEV?

M. DC. XLIX.

Si la voix du Peuple eſt la voix de Dieu?

CE Prouerbe paſſe dans la pluſpart du monde pour vne verité indubitable, & pour vn oracle parti de la propre bouche de Dieu : Et ie ne m'en eſtonne pas, pource que la pluſpart du mõde c'eſt le peuple ; & ce n'eſt pas merueille qu'il taſche d'authoriſer vne maxime qui eſt ſi fort à ſon auantage. Mais ce n'eſt pas luy qui en doit eſtre le Iuge. Il eſt trop intereſſé dans cette cauſe pour en pouuoir cognoiſtre : & l'arrogance meſme qu'il a de ſe vanter d'entrer dans les iugemens de Dieu, ſemble approcher pluſtoſt de la temerité & du blaſpheme, que de cette confiance modeſte que la verité a accouſtumé de donner ; n'eſtant pas vray ſemblable qu'il emprunte ſi hardiment le nom de Dieu, ſans le prendre le plus ordinairement en vain.

Si l'Eſcriture S^te met en quelque endroit de la conformité entre la voix de Dieu & celle du peuple, ce n'eſt pas pour donner du credit à la voix du peuple, à qui en vne infinité de lieux elle ne donne pour partage que la folie & la vanité, mais pour faire conceuoir à l'eſprit humain la parole de Dieu plus venerable, & plus terrible.

Non eſt enim populus ſapiens. *Iſai.* 27. Populũ, &c. in quo nulla eſt ſapientia. *Iſai.* 33.

Leges populorum vanæ ſunt. *Hierem.* 10.

C'est là le veritable sens du passage de Daniel, qui a donné lieu à ce prouerbe. Où ce Prophete racontant vne de ses visions miraculeuses, apres auoir fait vne peinture surprenante de l'homme diuin qui luy estoit apparu : apres auoir dit *que sa face estoit resplendissante comme vn esclair ; que son œil estoit vne lampe estincellante ; ses bras & ses iambes, de l'airain enflammé ;* il finit en disant que *sa voix ou son discours estoit la voix de la multitude.*

C'est vne façon de parler ordinaire aux Prophetes, lors qu'ils veulent reprensenter cette voix terrible, *qui tonne si fortement ;* cette voix, *qui brise les cedres les plus éleuez ;* cette voix *du Dieu des armées qui fait trembler la terre.* Et la vision d'Ezechiel tesmoigne bien clairement que c'est ainsi que celle de Daniel doit estre entenduë : car apres en auoir fait vne description quasi semblable, il dit qu'il entẽdoit *le bruit des aisles* qui estoiẽt au dessous du firmament, *comme le bruit d'vn grand amas d'eau, comme le bruit du Tres-haut, comme le bruit de la multitude, comme le bruit d'vne armée.* C'est ce que veut dire le mesme Prophete, lors que parlant de la gloire de Dieu, il luy attribuë vne voix semblable à vn amas d'eau : & S. Iean dans son Apocalypse lors qu'il dit qu'il a ouy *vne voix du Ciel semblable à la voix de beaucoup d'eau, & comme la voix d'vn grand tonnerre.* Ce que S. Hierosme en ses commentaires sur Ezechiel remarque estre la mesme chose que la voix de la multitude : pource que dans l'Apocalypse il est dit, que *les eaux signifient les peuples*, conformement à la comparaison qu'en fait Isaye : *Malheur à toy,* dit-il, *multitude de peuple semblable à la mer, tes émotions ressemblent à celles des flots, & tes cris seditieux au bruit d'vn torrent qui inonde vne campagne.* Ce qui est si naturellement semblable, que le [a] Poëte mesme s'en sert de l'autre costé, comparant l'agitation de la mer à l'émotion d'vn peuple.

Et certainement ce seroit faire vne iniure à la Sagesse Eternelle, que de luy attribuer des sentimens qu'on ne veut pas

Et ecce vir vnus vestitus lineis, & renes eius accincti auro obrizo, & corpus eius quasi chrysolitus, & facies eius velut species fulguris, & oculi eius vt lãpas ardens : brachia eius, & quæ deorsum sunt vsque ad pedes quasi species æris candentis, & vox sermonũ ei⁹ quasi vox multitudinis. *Dan. cap.* 10.

Tonabit voce sua mirabiliter. *Iob* 37. Vox Domini confringentis cedros, vox Domini concutientis desertum. *Psal.* 28. Altissim⁹ dedit vocem suam . . . . . . commota est, & contremuit terra. *Psal* 17. & *Psal.* 45.

Et audiebam sonũ alarum, quasi sonum aquarum multarum, quasi sonum sublimis Dei, quum ambularent quasi sonus erat multitudinis, vt sonus castrorum. *Ezech. cap.* 1. *v.* 24. Et vox erat ei quasi aquarum multarum. *Ezech.* 43. Et audiui vocem aquarum multarum, & tanquam vocem tonitrui magni *Apocal.* 14. Aquæ, quas vidisti, ... populi sunt, & gentes, & linguæ *Apocal.* 17. Væ multitudini populorum multorum, vt multitudo maris sonantis, & tumultus turbarum sicut sonitus aquarum multarum sonabunt populi, sicut sonitus aquarum multarum. *Isaia* 17. a *Virgil.* 1. *Æneid.*

mesme

mesme que la sagesse du monde suiue: & mettre Dieu du parti des sots, & des meschans, dont constamment le nombre est le plus grād, & qui par cōsequēt font ce qu'on appelle le peuple.

Stultorū infinitus est numerus *Eccl.* 1.

Ainsi la voix sacrilege de ce peuple barbare qui vient de souiller ses mains dans le sang de la personne sacrée de son Roy, deuroit estre la voix de Dieu: qui defend au contraire de toucher à ses oingts, & qui ne peut considerer d'autre voix dans ce parricide execrable, que celle de ce sang innocent qui crie à luy de la terre.

Nolite tangere Christos meos. *Psalm.* 104.

Cette reuolte generale des subjets contre les Souuerains qui s'est veüe en nos iours non seulement en Angleterre, mais en Espagne, en Pologne, en Moscouie, en Turquie, & dans nostre pauure France aussi; monstre bien que c'est le doigt du Seigneur, & cette main pesante de Dieu, dont il est si souuent parlé dans l'Escriture: mais gardons-nous bien de dire que ce soit sa voix, si ce n'est cette voix de fleau & de cholere, dont vn Prophete menace la ville de Niniue.

Digitus Dei est hic *Exod.* 8.

Facta est manus Domini, aggrauata est manus Domini *Ruth.* 1. *Reg.* 1. *& alibi.*

Vox flagelli, & vox impetus. *Nahum* 3.

Cela peut faire penser que les Princes ont gasté pour la pluspart ce caractere de la Diuinité, qui rendoit leur front majestueux, & terrible; & que les peuples n'y voyant point la iustice & la bonté de Dieu, ayent mécogneu en eux l'authorité & la puissance, qui estoient, peut-estre, les seuls traicts qui leur en estoient demeurez; & qu'ainsi la desobeyssance des peuples aux loix du Prince, soit quelquefois vne punition de la desobeyssance du Prince aux loix de Dieu. Mais cela ne peut pas faire que l'action des peuples ne soit criminelle: & c'est ce qui fait la difference des crimes des Princes auec ceux des particuliers; que punir les crimes des particuliers, ce peut estre, & c'est ordinairement vne action de iustice: mais punir ceux des Princes, ce ne sçauroit iamais estre qu'vn crime.

C'est pourquoy ie trouue que cette indépendance, qui est la plus belle prerogatiue des Roys, au lieu de leur donner plus de liberté de mal faire, les doit rendre encore plus circonspects en toutes leurs actions, que les particuliers qui ont des Magistrats à qui rendre compte. Pource que comme il n'y a point de Iuge sur la terre qui puisse condamner ce qu'ils font, il n'y en a point aussi qui le puisse iustifier. Et ainsi s'ils contreuiennent aux loix, ce qui est bien plus remarquable en eux que dans les personnes priuées, ils paroissent tousiours criminels aux yeux des peuples, qui se cōstituent pour Iuges de leurs actions, cōme ils voyent que personne n'en a la charge, & sont ordinairemēt Iuges injustes & passionnez, qui ne pronōcent rien qu'en tumulte, & qui n'executent leurs Arrests que par des seditions.

Dieu permet souuent que ces scandales publics arriuent pour apprendre le deuoir aux Princes, & punir les subjects aussi bien qu'eux : Mais *malheur à ceux par qui ils arriuent.* Si le Prince fait mal de ne pas viure selon la loy de Dieu, & selon celle de son Estat : le peuple d'vn autre costé fait mal d'en prendre connoissance, & pis encore d'en entreprendre la punition. On voit bien dans la Sagesse que, *Iugement rigoureux sera fait de ceux qui sont au dessus des autres :* Mais ce iugement là n'appartient pas à ceux qui sont au dessous d'eux, autrement ils changeroient de condition. C'est pourquoy quand sainct Paul ordonne aux Seigneurs de bien traiter leurs subjects, il ne les menace que du tribunal de Dieu, les faisant souuenir *qu'ils ont vn Seigneur au Ciel qui a authorité sur eux de mesme qu'ils en ont sur leurs peuples. La vengeance est à moy*, dit le Seigneur, *& c'est à moy à rendre à vn chacun la recompense ou la punition qui luy est deüe. Ne vous en mettez point en peine, ie la sçauray bien departir en temps & lieu.* Et si toute sorte de vengeance est à Dieu, que Dauid appelle le Dieu des vengeances ou des chastimens ; il n'y a pas de doute que celuy des actions des Roys luy est à plus forte raison particulieremēt attribué, comme au seul à qui ils doiuent rendre compte.

Væ homini, per quem scādalum venit. *Matth.* 18.

Iudicium durissimum his, qui præsunt, fiet. *Sap.* 6.

Dominiquod iustū est, & æquum seruis præstate, sciētes quod & vos Dominū habetis in cælo. *Coloss.* 4.

Mea est vltio, & ego retribuam in tempore. *Deut.* 32.

Deus vltionū Dominus. *Psal* 93.

S'il est permis de porter la proportion que sainct Paul met entre Dieu & les Rois, vn peu plus loin qu'il ne l'a portée, on peut mesme soustenir que la sujetion des peuples enuers les Rois, doit estre en quelque façon aueugle, aussi bien que la sousmission des hommes enuers Dieu. En effet si nous voulions examiner ce qui nous est proposé de la part de nos Superieurs, selon nostre sens particulier, qui seroit bien souuent selon nostre passion, il arriueroit autant de desordre dans la police, qu'il en arriueroit dans la Religion, si nous voulions examiner les mysteres qui nous ont esté reuelez selon les fausses lumieres de nostre raison ; & nous trouuerions des pretextes pour n'obeïr iamais aussi facilement que de raisons pour ne rien croire.

Iuger des volontez du Prince, & examiner si ses commandemens sont iustes, ce qui se doit tousiours supposer, s'ils ne sont manifestement contraires à la loy de Dieu, ce n'est pas estre son subiect, c'est estre son Superieur, ou tout au moins son égal. Et n'y obeïr que lors que ce qu'ils commandent est loüable en soy, ce n'est pas faire vn acte d'obeïssance, mais d'vne autre vertu: & ce n'est pas meriter de loüange en ce genre selon le raisonnement de S. Pierre. Que les peuples ne s'excusent donc pas de ne pas suiure les volontez de leurs Princes, sur ce qu'ils s'imaginent que leurs Princes ne marchent pas tousiours dans les voyes de Dieu. Ils se trompent pour l'ordinaire dans leurs imaginations; & quand l'enuie de crier les prend, ils crient indifferémment contre les bons & cōtre les mauuais Princes. Dieu se sert souuēt de leurs imaginations trōpeuses, & les empesche de voir la verité. Quand son iour est venu, & qu'il est temps qu'ils s'attirent la punition qu'il y auoit long temps qu'il preparoit pour leur orgueil, & pour leur luxe. C'est ce que le Prophete Isaïe semble vouloir dire quand il menace les Iuifs de cette voix de retribution & de vengeance, qui viendra du Ciel en mesme temps que celle de la sedition du peuple sortira de la ville. Et quand il fait amasser les Rois & les armées dans les montagnes, & qu'il leur crie, *qu'ils ruinent tout, & qu'ils renuersent Babylone*. Cette voix de Dieu qui retentit de tous costez si épouuantablement, doit arrester ces voix licentieuses du peuple qui sortent de la ville, & non pas les aigrir: Pource que les Rois ne font en cette occasion que prester leur colere à Dieu, & executer l'Arrest de sa Iustice, au lieu de desobeïr à sa loy, cōme le peuple leur objecte. Ce n'est pas aussi le zele de la loy de Dieu qui l'anime la plus part du temps; c'est son interest particulier. Ce n'est pas de ce que le Prince fait contre Dieu qu'il se met en peine, c'est de ce que le Prince demande de luy. Et qu'ainsi ne soit: Que le Prince aime autant de femmes, & face aussi bonne chere qu'il luy plaira; qu'il soit iureur, menteur, médisant, & colere s'il veut, on ne verra personne s'en émouuoir.

C'est en quoy le procedé des peuples paroist bien n'estre pas fondé sur la iustice comme ils le publient; Ils ne font point de bruit quand le Roy desobeït aux loix de Dieu, qu'il est sans

1. *Epist.* 2.

Excæca cor populi huius, & oculos claude, ne videat. *Isa* 6.

Eligam illusiones eorum. *Isa* 56.

Vox populi de ciuitate, (*ou selō d'autres interpretes*) vox tumultus de ciuitate, vox de templo, vox Domini reddentis retributionem inimicis suis. *Isa.* 56.

Vocaui fortes in ira mea... vox multitudinis in montibus, vox sonitus regū... Domin' exercituum præcepit militiæ belli.... vasa furoris ei', vt disperdat omnē terrā.. Dies Domini crudelis ad ponendā terram in solitudinē. *Isai.* 13.

controuerse obligé de suiure: Mais ils se sousleuent quand il contreuient en quelque façon aux loix de l'Estat, au dessus desquelles la pluspart des hommes aduoüent que sa condition l'esleue. S'il contreuient à quelque declaration faite en vn temps où il estoit necessaire de la faire, ou s'il fait quelque chose sans les formes prescrites par quelqu'vn de ses predecesseurs, c'est vn tyran qui abuse de l'authorité Royale. Et on ne voit pas que bien souuent ces declarations sont contraires à d'autres, ou qu'elles ne sont pas bonnes dans le temps present, comme elles estoient dans le passé. Que ceux mesmes qui murmurent de l'infraction des Edicts, demandent la cassation d'autres Edicts qui sont partis de la mesme source, c'est à dire de l'authorité Royale, quoy que peut estre par des canaux differens: Et que celuy qui regne n'est pas de pire condition que ceux qui ont regné; & a par consequent aussi bien qu'eux le droict de faire des Ordonnances nouuelles, selon les occurrences differentes, & d'interpreter les anciennes comme toutes celles du Royaume, dont il est l'appuy & le soustien. Et non pas les peuples, dont le zele indiscret ressemble à celuy de cet Israëlite, qui s'imaginant que l'Arche d'Alliance alloit tomber, s'auança, sans y estre appellé, pour la soustenir, & fut frappé du feu celeste pour auoir témoigné cette défiance de son Dieu, & osé mettre la main au Sanctuaire.

Oza. *Paralip.* 1. *cap.* 3.

L'insolence des subjects contre leurs Souuerains n'est donc point approuuée de Dieu: & par consequent lors que leur voix s'éleue contre eux, ce ne sçauroit estre sa voix. Il a bien dit: *Ne vous fiez pas aux Princes, il n'y a point de salut auec eux:* mais il n'a iamais dit, Ne leur obeyssez pas; au contraire, toute l'Escriture ne presche rien tant que l'obeyssance, & la sousmission. Le principal inseignemẽt que l'Apostre donne à Tite, & ce qu'il luy recommande dauantage, c'est d'instruire les peuples de Crete où il l'auoit laissé, *d'estre sousmis en toutes choses à leurs Seigneurs, de tascher de leur plaire en tout, & de ne les contredire en rien, de ne les frauder point de leurs droicts, mais de leur garder toute fidelité, afin qu'ils couronnent, & accomplissent la doctrine de Dieu en tout. Obeyssez à vos Superieurs*, dit il aux Hebreux, *& soyez sousmis à eux: car ils doiuent rendre compte de vous.* Aux Romains: *Que toute personne soit sousmise aux Puissances: car il n'y a point*

Nolite confidere in principibus in filiis hominũ, in quibus non est salus. *Psal.* 145.

Seruos dominis suis subditos esse in omnibus placentes, non contradicentes, non fraudantes, sed in omnibus bo-

point de Puissance qui ne vienne de Dieu; & celles qui sont establies dans le monde, sont ordonnées de Dieu; de façon que quiconque resiste aux Puissances, resiste à l'ordre de Dieu. Et peu apres: *Ne vous sousmettez pas seulement par force, mais par vostre conscience, ce sont les Ministres de Dieu. Rendez donc le tribut, & payez les imposts à ceux à qui vous les deuez.* Aux Colossiens: *Obeyssez à vos Maistres charnels en toutes choses, & non pas pour leur plaire, mais dans la simplicité de cœur, & par la crainte de Dieu.* Aux Ephesiens: *Obeyssez auec crainte & tremblement comme à Iesus Christ, non pas à l'œil, & pour plaire aux hommes.* Et à Timothée: *Que tous ceux qui sont serfs & sous le ioug, estiment leurs Seigneurs dignes de tout honneur, afin que le nom de Dieu & sa doctrine ne soit point mesprisée.*

Ce qui monstre bien clairement que l'obeyssance des peuples à leurs Souuerains n'est pas vne simple ordonnance, ou coustume de police, mais que c'est vn commandement de Dieu, dont il n'y a point de raison humaine qui puisse dispenser. C'est pourquoy sainct Pierre qui auoit receu encores plus particulierement de la bouche de Iesus Christ les instructions qu'il deuoit departir à son Eglise, va encor plus auant; & apres auoir commandé, *de craindre Dieu, & d'honorer le Roy*, il commande expressément *d'obeyr à nos Princes, non seulement quand ils sont bons & moderez, mais quand mesme ils ne seroient pas raisonnables*; & dit en termes expres que *cela est agreable à Dieu*; & que *si nous ne leur obeyssions qu'alors qu'ils sont bons, nous ne meriterions aucune loüange; car la plus grande c'est quand on souffre iniustement.*

Tous ces oracles, & vne infinité de semblables dont l'Escriture est remplie, sont autant de voix qui condamnent la desobeyssance des peuples, bien loing de l'authoriser. Et cela paroist bien expressément lors que Dieu establit vn Roy dessus les Iuifs: car apres leur auoir fait considerer toutes les violences que les Roys les plus cruels sont en puissance d'exercer sur leurs subjets: apres qu'ils auront fait toutes ces cruautez, leur

nam fidem ostendentes. vt doctrinam Saluatoris nostri ornent in omnibus. *Ad Tit* 2.
Admone illos Principibus, & Potestatib. subditos esse dicto obedire. *Ad Tit* 3.
Obedite Præpositis vestris, & subiacete eis: ipsi enim peruigilant, quasi rationẽ reddituri. *Hebr.* 13.
Omnis anima Potestatibus sublimioribus subdita sit: non est enim potestas nisi à Deo, quæ autẽ sunt à Deo, ordinatę sunt. Itaque qui resistit potestati, Dei ordinationi resistit..... Subditi estote, non propter iram, sed propter conscientiã..... Reddite ergo debita omnibus: cui tributum, tributum; cui vectigal, vectigal *Rom.* 13.

Obedite per omnia Dominis carnalibus, non ad oculum seruientes, quasi hominibus placentes; sed in simplicitate cordis, quasi timentes Deum. *Coloss* 3.

Obedite Dominis carnalibus cum timore & tremore, &c. *Ephes* 6.

Quicumque sunt sub iugo serui, Dominos omni honore dignos arbitrentur, ne nomen Domini & doctrina blasphemetur. 1. *Timot.* 6.

Subjecti igitur estote omni humanæ creaturæ propter Deum: siue Regi, quasi præcellenti; siue ducibus, &c. Deum timete, Regem honorificate. Serui subditi estote in omni timore Dominis, non tantùm bonis, & modestis, sed etiam discolis. Hæc est enim gratia apud Deum, &c. Quæ est enim gloria, si peccantes & collaphizati suffertis? sed si benefacientes patienter sustinetis? hæc est gratia apud Deum. 1. *Petri* 2.

dit-il, *n'allez pas crier contre eux, ie ne vous exauceray point.* S'il est donc vray, comme il me semble qu'il le paroist assez, que Dieu n'approuue pas que les peuples éleuent leur voix contre leurs Souuerains, quand mesme ils sont violens & cruels: à plus forte raison n'approuue-t'il pas qu'ils prennent iamais les armes contre eux.

Hoc erit ius Regis: filios vestros toller, &c. greges quoq; vestros addecimabit, & eritis serui, ... & clamabitis in die illa à facie Regis vestri, & nō exaudiet vos Dominus. 1. Regum 8.

Faire la guerre, c'est vn priuilege de Souuerain, toutes les loix l'establissent, & la coustume l'authorise; c'est ce dont les Iuifs mesme conuindrent quand ils demanderent vn Roy. *Il sera sur nous comme les Roys sont sur les autres peuples: Il fera la guerre pour nous, & sera le General de nos armées.* Et pour ioindre à l'authorité de l'Escriture celle de la Philosophie, [a] Aristote dit que la plus grande prerogatiue des Roys, c'est d'auoir l'authorité souueraine & perpetuelle des armes: ce qu'il confirme par l'exemple d'Agamemnon, à qui il remarque que l'on contredisoit hardiment dans le Conseil, mais qu'on obeïssoit fort respectueusement à la campagne. Et parlant de plusieurs sortes de Monarchies; il remarque aussi que la Monarchie de Sparte, qui estoit la moins absoluë de toutes, & la plus temperée par les loix, auoit toutefois l'authorité absoluë de la guerre; ce qu'Herodote, qui estoit deuant luy, auoit desia remarqué, quand il auoit dit, que les Rois de Sparte auoient vne authorité si absoluë pour le fait de la guerre, qu'ils la pouuoient faire contre qui il leur plaisoit, sans que le peuple ny les Ephores s'y peussent opposer. S'il n'appartient donc qu'au Souuerain de faire la guerre, & que le peuple n'en puisse pas faire contre ses voisins sans son commandement expres; il luy appartient encor bien moins de la luy declarer à luy mesme. Il ne sçauroit y auoir de cause legitime d'vne rebellion si enorme, & la defense mesme de sa vie propre, qui est veritablement de droict naturel contre qui que ce soit, n'est pas approuuée de Dieu contre le Prince, non plus que contre le Magistrat. Il y a des exemples manifestes de cette verité dans l'Histoire des Iuifs, où l'on voit des milliers d'hommes égorgez, & des Tribus entieres decimées, sans qu'ils osent leuer les armes contre Moyse, qui estoit leur Conducteur, non pas par la crainte de succomber dans leur resistance, mais par le respect qu'ils auoient pour les commãdemens du Chef que Dieu leur

Rex enim erit super nos, & nos erimus sicut omnes gentes, & iudicabit Rex noster, & egredietur ante nos, & bella geret pro nobis. 1. Regum 8.

a *Politicor. li. 3. cap. 14. Mus. 6.*

auoit donné. Dauid, que le Prophete auoit desia fait Roy en luy versant l'huile sacrée dessus la teste, & qui sçauoit que Saül auoit encouru la disgrace de Dieu, se resolut de souffrir plustost toutes les miseres imaginables, que de leuer les armes contre luy. Il souffrit la faim auec patience, iusques-là qu'il fut obligé chez le Prophete Achimelech, de manger des pains de Proposition à faute d'autres, & contint tous ceux qui vindrent se ioindre à luy dans le deuoir. Il ne fit pas comme les mescontens de nostre siecle : car sçachant que Saül alloit ruiner la ville de Ceilam où il estoit enfermé, il aima mieux en sortir, que d'attirer l'indignation du Prince sur cette ville, & 1. Reg. 23. se mit à fuir de desert en desert, & de nation en nation, de deuant la face de Saül, iusqu'à ce qu'en fin on luy apporta la nouuelle de sa mort; surquoy déchirant ses vestemens, il fit mourir celuy qui auoit eu l'impieté de seruir de ministre au 2. Reg. 1. desespoir de ce Prince, luy disant; Comment n'as-tu point tremblé de mettre la main sur l'Oingt du Seigneur ?

Cette histoire est bien vne pierre de touche veritable, dont l'on peut esprouuer la sousmission & la fidelité que les peuples doiuent auoir pour leurs Princes, quand mesme ils en seroient persecutez ; & monstre bien par l'approbation qu'elle a dans l'Escriture que c'est l'exemple de cet homme, qui estoit selon le cœur de Dieu, qu'il faut se proposer, & qu'il faut suiure.

La rebellion ne sçauroit non plus s'authoriser par le pretexte du soulagement des peuples; Il n'y en a iamais eu de si injuste qui ne l'ait pris. Les deux Gracques, tous deux fort honnestes gens, & fort habiles, commencerent, sans y penser, la ruine de la Republique de Rome, par la loy qu'ils firent, pour faire restituer aux pauures des terres qui leur auoient esté destinées pour peu d'argent qu'ils deuoient donner à la ville, sur lesquelles les riches auoient mis l'enchere, & en auoient ainsi depossedé les pauures. Edict qui estoit raisonnable en soy, & approuué de Lælius, de Scipion, & des plus sages de ce temps-là. Mais cela leur acquit vne telle bienveillance parmy le peuple, & vne si grande haine parmy les grands, que la ville commença dés lors à se deschirer en deux partis; iusqu'à ce qu'apres les guerres ciuiles de Catilina, qui n'auoit pas des desseins si moderez qu'eux, de Marius, de Sertorius, & des autres : En fin

César mit à bout ce que les autres auoient commencé, & changea le gouuernement de la République, dont il se fit le Tyran. Ils se plaignoient pourtant tous de la tyrannie des nobles & des riches, qui est ordinairement le sujet des plaintes du peuple, qui crie souuent contre son Roy legitime, comme contre vn tyran; ne voyant pas que ce sont deux qualitez incompatibles: pource que quelque absoluë que soit la Monarchie, pourueu qu'elle soit establie dans vn pays par le consentement des peuples, & par vne longue suite de temps, ce ne sçauroit estre tyrannie. C'est le raisonnement du Philosophe qui dit, *Qu'il y a vne sorte de Monarchie, comme celles qui sont parmy les barbares, où le Roy a vne authorité approchante de celle de la tyrannie, encore qu'elle soit legitime & dans l'ordre, & selon les loix du pays.* Et vn peu apres il remarque, que *cette domination des barbares est ordinairement hereditaire, & selon les loix*: C'est à dire qu'elle n'est pas pour cela tyrannique. Car *les Tyrans*, dit ailleurs Aristote, *sont ceux qui commandent sans le consentement des peuples, encore qu'ils prennent leur origine du party du peuple contre les grands, & que les Tyrans se facent des fauteurs des peuples qui acquierent du credit parmy eux, en calomniant les grands contre lesquels ils promettent de les defendre; au lieu que le Roy se fait du parti des nobles, ou pour ses grandes vertus, & ses belles actions; ou pour celles de ses ancestres dont il herite la Couronne.*

Παρὰ ταύτην δ' ἄλλο μοναρχίας εἶδος, οἷαι παρ' ἐνίοις εἰσὶ βασιλεῖαι τῶν βαρβάρων, ἔχουσι δ' αὗται τὴν δύναμιν πᾶσαι παραπλησίαν τυραννικῇ εἰσὶ δ' ὅμως κατὰ νόμον καὶ πατρικαί. *Arist. 3. Pol. 14.*

Αὕτη δ' ἐστὶν ἐν τούτοις ἀρχὴ δεσποτικὴ κατὰ νόμον. *Ibid.*

Qui voudra faire l'application de ces histoires & de ces passages à l'histoire de nostre temps, trouuera bien tost quels ont esté les Gracques, & quels ont esté les Tyrans. Et le Roy leur pourroit bien dire iustement ce que Dieu dit au pecheur: *Pourquoy faites vous tant de bruit de ma iustice? & pourquoy auez-vous tousiours mon nom dans vostre bouche, pendant que vous sortez de vostre deuoir, & que vous mesprisez mes paroles?* L'obeyssance auroit mieux valu que ce grand sacrifice que vous pensiez faire de vous-mesme à vostre patrie. En effect voyons-nous qu'elle en ayt profité? Les émotions populaires (comme on a dit il y a long temps) sont des remedes pires mille fois que les maux qu'elles veulent guarir, & ne font que desoler les Estats

Ἡ μὲν γὰρ βασιλεία, πρὸς βοήθειαν τὴν ἀπὸ τοῦ δήμου τοῖς ἐπιεικέσι γέγονε, καὶ καθίσταται βασιλεὺς ἐκ τῶν ἐπιεικῶν καθ' ὑπεροχὴν ἀρετῆς ἢ πράξεων τῶν ἀπὸ τῆς ἀρετῆς ἢ καθ' ὑπεροχὴν τοιούτου γένους. ὁ δὲ τύραννος ἐκ τοῦ δήμου καὶ τοῦ πλήθους ἐπὶ τοὺς γνωρίμους ὅπως ὁ δῆμος ἀδικῆται μηδὲν ὑπ' αὐτῶν. *5. Polit. cap. 10.*

Quare tu enarras iustitias meas? & assumis nomen meum per os tuum? Tu verò odisti disciplinam, & projecisti sermones meos. *Psal. 49.* *Eccles. 4.*

qu'elles

qu'elles se vantent de vouloir remettre. Et toutes ces guerres de Bien public se terminent ordinairement par vne paix de Bien particulier. Les Princes les commencent lors qu'ils ont quelque mécontentement, & les finissent dés le moment qu'ils ont eu satisfaction, cependant que les peuples qu'ils ont engagez dans leur malheur, y demeurent long temps apres eux: de façon qu'on peut dire d'eux à l'égard des peuples, ce que Solon en disoit à l'esgard de leurs Fauoris, qu'ils les traitent comme des iettons, que l'on iette aussi tost que l'on a trouué son compte, ou bien ce qu'en disoit Diogene, qu'ils se seruoient de ceux qui leur faisoient la Cour, comme de bouteilles qu'on éleue soigneusement au plus haut des planchers tant qu'il y a quelque chose dedans, mais que l'on casse aussi tost qu'elles sont vuides. Ainsi dans le regne de Charles VI. le Duc de Bourgongne Philippe excitoit tantost des seditions dans Paris, & tantost il aydoit au Roy à les punir. Et son fils Iean qui suiuoit les mesmes maximes, eut bien de la peine à ne pas succomber luy-mesme aussi bien que tous ses Conseillers sous la fureur du peuple, à qui il auoit mis les armes à la main, & qui ne pouuoit plus supporter sa tyrannie. Ainsi dans la guerre du Bien public du temps de Louys XI. la paix ne tourna qu'au profit des Ducs de Bourgongne, de Bretagne, de Berry, & de Bourbon, pendant que les peuples, & beaucoup de particuliers furent oubliez. Sur quoy Philippe de Commines dit qu'il n'y eust iamais de si bonnes nopces qu'il n'y en eust de mal disnez. La guerre de la Ligue ne finit qu'alors que Monsieur de Mayenne vid qu'il ne pouuoit se faire Roy de France; & Monsieur de Mercœur qu'il ne se pouuoit faire Duc de Bretagne. Et apres que Henry IV. eust changé de Religion, il ne laissa pas d'y auoir encore des partis, pour monstrer que ce n'auoit pas esté pour la Religion qu'ils auoiẽt esté formez. Sous la regence de la feüe Reyne-Mere il sembloit que les Princes se renuoyassent l'esteuf les vns aux autres, afin qu'apres qu'vn auoit fait du bruit, & qu'il auoit esté appaisé par quelque douceur, l'autre en fist aussi tost de mesme pour en auoir autant. Cependant les peuples n'en sont point encore desabusez; & si quelqu'vn veut faire parmy eux ce qu'il a ouy dire que faisoit le Balaffré, s'il leur dit vn mot à l'oreille, s'il leur oste son chapeau sans le cognoistre, ils s'imaginent aussi tost qu'il n'a point d'autre interest que la diminution des tailles & des imposts.

C'est ce qui deschire depuis quelque temps nostre miserable Patrie, & ce qui nous met en opprobre chez tous les estrangers, & nous fait la fable & la risée de tous nos voisins. *Cette grande Ville, qui estoit la merueille du monde, est desolée, & n'a plus que l'apparence de ce qu'elle a esté autrefois. Elle est delaissée comme vn desert; ce sont des femmes qui y gouuernent: car le peuple n'est point sage.* * *Il se trouue des Prophetes qui prophetisent le mensonge, le peuple ayme cela, & il y a des Prestres mesmes qui y applaudissent. Le cœur de ce peuple est deuenu incredule, il interprete en mal tout ce que l'on fait.* Si l'on parle de faire la paix, apres laquelle il y a si long temps qu'il souspire, & pour laquelle il s'est esmeu; il croit aussi tost que cela vient de la volonté que l'on a de le destruire, & se veut mutiner à cause que l'on fait vne chose qu'il s'est auparauant mutiné de ce qu'on ne faisoit point. Si le Prince tarde quelque temps a le venir visiter, pource qu'il est occupé à tenir loing de luy les anciens ennemis de l'Estat, dont sans ce soin de Pere & de Monarque tout ensemble il pourroit à la fin deuenir la proye: il murmure aussi tost, & aussi sottement que les Israëlites, quand ils virent que Moyse demeuroit trop long temps sur la montagne, où il ne faisoit que leur attirer des benedictions, qu'ils dirent entre eux: *Faisons-nous vn Dieu promptement, car nous ne sçauons ce qu'est deuenu Moyse.* Et qu'apres l'auoir fait, *ils s'escrierent publiquement par les places, Voila le Dieu qui nous a sauuez de la captiuité.*

Posuisti nos opprobrium vicinis nostris, & subsannationē & derisum his qui sunt in circuitu nostro. *Psal.* 43. Ciuitas enim munita desolata erit, speciosa relinquetur, & dimitteturquasi desertum, &c. Mulieres venientes, & docētes eam; non est enim populus sapiens. *Isa.* 27. * Prophetæ prophetabant mendaciū, & Sacerdotes applaudebant manibus suis, & populus meus dilexit talia. *Hieremia* 5. Populo huic factum est cor incredulū, & exasperans. *Ibidem.* Vidēs autem populus quòd morā faceret descendendi de mōte Moïses, congregatus aduersus Aaron dixit, Surge, fac nobis Deos: Moysi enim nescim⁹ quid

On y entend encore des voix seditieuses & calomnieuses contre les personnes les plus sacrées. La pourpre de la Royauté, non plus que celle de l'Eglise ne sont point à couuert de la noirceur de la mesdisance. Les lauriers les plus verds & les plus florissans se sentent de son vent pestilent, & sont attaquez de la foudre qui se forme dans cette region corrompuë: Et ces augustes Senateurs qui se sont acquis depuis peu le tiltre de Peres de la Patrie, qu'ils auoient mise auparauant à deux doigts de sa ruine, ne sont pas maintenant les maistres des furieux à qui ils ont mis les armes à la main; & souffrent en eux la diminution du respect qu'ils ont fait perdre au Prince. Ils ont veu par experience qu'il est bien plus aisé d'exciter des seditions, que de les appaiser; & que ce n'est pas sur la faueur de la populace qu'ils doiuent chercher à s'appuyer, mais sur la solidité du Throsne, sur lequel toute leur authorité est fondée, & qui ne sçauroit tomber sans les entraisner auec luy dans sa cheute; n'estant à proprement parler qu'vne participation de la grandeur des Roys, & qu'vn rayon de leur gloire: semblables par consequent à ces astres qui se mettans entre la terre & le Soleil, ne sçauroient le faire eclipser qu'ils ne perdent en mesme temps toute la lumiere qu'il leur auoit communiquée, & qu'ainsi ils ne paroissent à la terre encore moins lumineux que celuy qu'ils veulent obscurcir; & dépendant, pour mieux dire, encore plus des Roys que les astres ne dépendent du Soleil, qui ne les a point faits, mais qui a esté fait aussi bien qu'eux, & qui n'a pardessus eux que l'auantage d'estre le premier, & le plus grand luminaire. Au lieu que les Parlemens ont esté faits par les Roys, pour rendre en leur nom la iustice à leurs subjets: & ainsi ils ne peuuent auoir aucune authorité d'eux-mesmes, comme les astres qui peuuent auoir quelque lumiere qui leur soit propre, & par consequent dépendent d'eux bien plustost de la maniere dont les Roys dépendent de Dieu, sans le concours, & la continuelle conseruation duquel tous ses ouurages retomberoient dans le neant dont il les a tirez.

accideri t.... Dixerũtque: Hi sunt Dij tui, Israël, qui te eduxerunt de terra Ægypti. *Exod.* 32.

C'est là le sort de ceux qui s'attaquent à leurs Princes. Mais non seulement leurs maledictions retombent sur eux, elles attirent aussi la malediction de Dieu, qui est bien plus dangereuse que la leur. *Tu ne diras iamais mal de ton Prince*, est-il enjoint expressément dans l'Exode, comme le rapporte S. Paul. *Vous ne verrez pas le peuple impudent*, dit le Prophete Isaye, *vous ne pourrez pas souffrir le peuple qui est haut en paroles, & dans le vain discours duquel on ne comprend rien, pource qu'il n'a aucune sagesse. Sa bouche est pleine de malediction & d'amertume, & sa langue est chargée d'vn venin plus subtil que celuy des aspics.* Sa voix n'a donc garde d'estre la voix de Dieu, puis qu'elle est accompagnée de tant de choses qu'il a en horreur. Mais s'il n'approuue pas que le peuple leue la voix ny les armes contre ses Souuerains, quād mesmes ils seroient injustes & violens; qui est ce que prouuent les passages & les exemples de l'Escriture que j'ay alleguez: il

Principi populi tui non maledices. *Act.* 23.

Populum impudētem non videbis, populū alti sermonis, ita vt non possis intelligere disertitudinem linguæ eius, in quo nulla est sapientia. *Isaia* 33. Os maledictione & amaritudine est certain qu'il approuue encore bien moins que le peuple ayt cette insolence contre ceux dont la domination est douce & moderée.

pleaum est, & venenũ aspidum sub linguis eorum. *Psal.* 13.

Ie ne puis en cette occasion que ie ne condamne l'ingratitude ou pour mieux dire, l'impieté de ma Nation contre la meilleure, & la plus pieuse Reyne qui ayt iamais monté sur le throsne, & que ie n'aye honte de voir que tous les peuples de l'Europe ayent plus de iustice pour ses qualitez heroïques & Royales, que celuy à qui elle la rend auec tant de soin. Elle n'a point perdu dans les tempestes de la guerre ciuile, cette prudence qu'elle auoit conseruée dans ses malheurs particuliers, & a tesmoigné dans la minorité du Roy son fils, vne fermeté aussi inébranlable contre les persecutions de la fortune, qu'elle en auoit tesmoigné dans le regne du Roy son Espoux. Et c'est cette fermeté mesme qui luy deuroit attirer l'admiration de tout le monde, qui luy attire le blasme, & la haine de quelques esprits factieux. Elle auoit eu raison à son aduenement à la Regence, de se vouloir seruir des conseils d'vn homme consommé dans vne infinité de negotiations, qui auoit esté comme collegue dans le ministeriat auec le plus grand homme que nous ayons iamais eu en France, qui se trouuoit seul saisi de la clef de toutes les affaires tant du dedans que du dehors du Royaume, dont le feu Roy luy auoit donné l'administration quasi aussi souuerainement qu'à ce grand Ministre qu'il auoit perdu; & qu'en mourant il luy auoit ordonné de prendre pour le chef du Conseil de sa Regence. En effet le desordre & la confusion dont fut remply l'espace de temps qui se passa entre la mort du feu Roy & le restablissement de Monsieur le Cardinal Mazarin, monstre bien que ce fut vne chose tout à fait necessaire pour entretenir le credit que nous auions acquis chez les estrangers. Mais s'il y auoit eu raison de le restablir dans cette premiere place, il y a eu encor bien plus de raison de l'y maintenir. Son bannissement estoit la premiere démarche des seditieux, mais ce n'estoit pas où ils vouloient demeurer. Leurs libelles sentoient desja le leuain d'Angleterre & de Hollande, & demandant des Conseillers zelez pour le bien public, ils faisoient assez entendre qu'ils vouloient dire des Conseillers zelez pour la Republique. Ma main tremble d'vne d'vne horreur legitime se voyant forcée de mettre sur le papier des choses qu'il n'y auoit pas apparence qui peussent iamais tomber dans l'esprit d'vn François. Et cependant on se mettoit en ce danger, si l'on eust d'abord relasché aussi foiblement qu'a fait ce pauure Prince, qui est maintenant la matiere de la pitié de toute la terre. La seule chose dont il a eu regret en mourant, c'est d'auoir abandonné le Vice-Roy d'Irlande à la fureur du peuple, qui le luy demanda. C'est le seul crime que ce Roy miserable ait commis, & dont il a esté puny trop rigoureusement: Et en signant l'Arrest de la mort de son fauory, il ne preuoyoit pas qu'il composoit luy-mesme l'Arrest de la sienne.

Pour nostre bonheur nostre grande Princesse a tesmoigné plus de resolution, quoy que dans vn sexe où elle estoit plus excusable d'en auoir moins. Les menaces qui intimiderent Charles Stuart, n'ont point esbranlé le cœur d'Anne d'Austriche; & elle a mieux aimé s'exposer à toutes sortes de perils, que ne pas garder à son fils sa Couronne aussi entiere que son pere luy auoit laissée. Elle a eu tousiours deuant ses yeux & sa memoire, & ses dernieres volontez: Et elle luy peut dire iustement ce que Dauid disoit à Dieu: *Toutes ces calamitez sont venuës dessus nous, & cependant nous ne vous auons point oublié, & nous ne pouuons pas auoir mal fait, puis que nous auons executé vostre testament:* C'est à dire, puis que malgré les cris & les murmures de cette ville, dont vous auez tousiours veu à contre-cœur le luxe & la dissolution, nous auons gardé aupres de nous cet homme, de qui vous nous auez commandé en mourant de suiure les conseils, & que dans ces momens où l'ame estant plus proche de retourner au lieu de son origine, est aussi plus éclairée, vous auez iugé necessaire à l'affermissement de l'Estat que vous me laissiez, & à l'establissement des conquestes que vous auiez faites.

Hæc omnia venerunt super nos, nec obliti sumus te, & inique non fecimus in testaméto tuo. *Psal. 43.*

Les anathemes sanglans que l'on a prononcez contre luy, ne sont point des voix de Dieu, encore que ce soit des voix du peuple; c'est pourquoy elle ne les a point écoutez. Il est vray que l'Escriture en fulmine, mais ce n'est pas contre ceux à qui le peuple les applique: Et ie m'estonne comment des personnes qu'il paroist l'auoir leüe, ont le front d'en alleguer vne infinité de passages, pour prouuer que les Ministres d'Estat

REFVTATION DV LIBELLE INTITVLÉ, *L'Anatheme du Ministre d'Estat estranger.*

estrangers sont maudits de Dieu, cependant qu'ils ne peuuent pas manquer de voir eux-mesmes en les citant, qu'ils ne sont nullement propres à leur dessein malicieux.

Si on vouloit introduire parmy nous toutes les loix contre les estrangers qui estoient parmy les Iuifs, non seulement les Italiens & les Allemans seroient bannis de nostre commerce, mais les François seroient estrangers aux François mesmes, aussi bien que les Iuifs, dont vne tribu ne pouuoit s'allier auec les autres, comme il paroist dans les endroits de la Genese, &
Genes. 24. Num. 16. & alibi. des Nombres, dont il est question. Sous cette loy, aussi dure que le cœur des Iuifs à qui elle auoit esté donée, Dieu n'estoit pas si liberal de ses benedictions, comme depuis qu'il a enuoyé son propre Fils sur la terre. Il n'y en auoit pour lors qu'vn canton qui fust consacré à Dieu: Et comme les Grecs appelloient tous les autres peuples barbares, à cause qu'ils se croyoient seuls sçauās & polis, les Iuifs appelloiēt tous les autres peuples maudits, à cause qu'ils se croyoient seuls fideles. Au lieu que maintenant toute la terre est à Dieu: & nous ne sommes plus qu'vn mesme peuple en IESVS CHRIST, qui est nostre Roy, & nostre Chef; ce qui fait que le nom d'estranger ne se doit plus dire parmy nous au sens de l'Escriture en beaucoup d'endroits, où il veut dire infidele & payen. La pluspart des autres anathemes de l'Escriture s'adressent aux Philistins, aux Cetheens,
Psal. 53. Psal. 118. Isai. 17. Ezech. 28. 30. 31. Hierem. 8. 51. 30. Ioel. 3. Hierem. Thren. &c. Iebuseens, Amorreens, & aux autres anciens ennemis des Iuifs qu'elle veut que le peuple de Dieu deteste. Et dans les affaires presentes, quels doiuent estre reputez estrangers de cette sorte? ou ceux qui assidus aupres d'vn Prince, n'employēt toutes leurs pensées & tous leurs soins qu'à le rendre triomphant des anciens ennemis de son Estat, & à luy faire gagner sur eux des batailles, & des places? Ou ceux qui font des ligues auec eux, & qui appellent leurs armes dans le cœur de son Royaume?

Num. 3. Num. 16. L'Escriture defend aussi que l'on prenne vn estranger pour Ministre. Mais cette equiuoque de Ministre d'Estat, auec Ministre de la parole de Dieu, est si puerile, qu'elle ne merite pas de response: & seroit plus excusable dans vn Rondeau, qu'en vne piece si saincte comme l'autheur s'imagine qu'est la sienne.

Elle ne condamne donc point les estrangers dans la qualité

ſimple d'eſtrangers; au contraire en vne infinité d'endroits elle les recommande auec la vefue & l'orphelin. Dans l'Exode vne des loix qui ſont données au peuple Iuif, eſt de ne point contriſter, ny affliger l'eſtranger: *Ne luy faites point de mal ny de peine: car vous auez eſté eſtrangers en Egypte. Aymez les eſtrangers,* dit le Deuterome. *Soyez auſſi équitables enuers l'eſtranger qu'enuers voſtre citoyen,* porte le Leuitique. *Ne calomniez point l'eſtranger,* dit Zacharie. Mais Ezechiel reprochant à la ville de Hieruſalem tous ſes crimes, en dit des choſes ſur ce ſujet, qui meritent bien d'eſtre remarquées. *Les Princes,* dit-il, *au milieu d'elle ſont comme des loups rauiſſans, ne ſe ſouciant point de reſpandre le ſang & de perdre les ames, & ne cherchant autre choſe que le lucre. Le peuple ne fait qu'inuenter calomnie ſur calomnie, que prendre par force le bien des particuliers, & perſecuter l'eſtranger, qu'ils oppriment par leurs médiſances, & condamnent ſans aucune forme de iuſtice.* Ce procedé n'a donc iamais eſté approuué parmy les Iuifs: qui n'ont pas eſté ſeulement eſtrangers en Egypte, comme Dieu leur repete ſouuent, mais qui y ont veu pour premier Miniſtre le chef de leur nation, le Patriarche Ioſeph; que Pharaon, encor qu'il fuſt eſtranger, ne laiſſa pas d'y eſtablir auec vne telle authorité, qu'il ne ſe remuoit rien en Egypte que par ſon ordre, & qu'il n'y auoit que la Couronne à dire qu'il ne fuſt Roy. Et cependant ce fut ſous ſon adminiſtration que l'Egypte fut la plus heureuſe. Daniel fut éleué en Perſe par deſſus tous les Satrapes du Royaume; & apres auoir triomphé de la malice de tous ſes enuieux, il y demeura dans la meſme conſideration dans tout le regne de Darius, & dans tout celuy de Cyrus. Mardochée y fut dans la meſme poſture ſous le regne d'Aſſuerus, ou Artaxerxe, qui le fit ſon premier Miniſtre. Eſdras & Nehemias ne furent pas veritablement dans vne ſi haute faueur auprés de Cyrus & d'Artaxerxe; mais ils y furēt neantmoins en ſi grand credit, qu'ils en obtindrent la liberté de tout le peuple Iuif, & de l'argent pour rebaſtir le Temple de Hieruſalem. Et encore qu'il ne ſoit pas ſi ordinaire que les peuples ſe ſouſmettent au gouuernement d'vn eſtranger, pource que ceux du pays y ont la meilleure part, & auec raiſon, ce n'eſt pas toutefois vne choſe ſi eſtrange dans les hiſtoires que l'on s'imagine.

Tous les peuples de la terre n'ont-ils pas autrefois eſté cher-

Aduenam nō contriſtabis, neque affliges eum: aduenæ enim fuiſtis in terra Ægypti. Peregrino moleſtus non eris: quia & ipſi peregrini fuiſtis, &c. *Exod.* 22. 23.

Vos ergo amate peregrinos: quia & ipſi peregrini fuiſtis, &c. *Deut.* 10.

Æquum iudicium ſit inter vos, ſiue peregrinus, ſiue ciuis. *Leuit.* 24.

Pupillum, aduenā, & pauperem nolite calumniari. *Zachar.* 7.

Principes eius in medio illius quaſi lupi rapientes prædā ad effundēdū ſanguinem, & perdēdas animas, & auarè ad ſectādā lucra. .... Populi terræ calumniabātur calūniam, rapiebāt violenter, & aduenam opprimebāt calumniā abſq; iudicio. *Ezech.* 22.

Geneſ. 41.

Dan. 6.

Eſther 6 & 9.

Eſdra 1. & 2.

cher dans le pays de Monsieur le Cardinal Mazarin des hommes qui les sceussent commander? Les Parthes & les Germains, les plus orgueilleux peuples du monde, & les plus ialoux de la gloire de leur nation, n'ont-ils pas pris des Rois de la main des Empereurs Romains, & de leurs Lieutenans? Et ces mesmes Romains, dans le plus haut point de leur grandeur, n'ont-ils pas admis des estrangers, non seulement au droict de bourgeoisie, comme la plus part des estrangers vn peu remarquables; & dans les premieres places du Senat, comme Seneque, & beaucoup d'autres, dont ma memoire ne me fournit pas à present les noms, mais à l'Empire mesme: comme Trajan, Adrian, & beaucoup d'autres qui les ont suiuis? N'ont-ils pas depuis appellé les Gots & les Vandales? tantost les Lombars, & tantost les Francs? Les Allemans ne sont-ils pas encore estrangers dans l'Empire Romain? La maison d'Austriche n'est-elle pas estrangere en Espagne? & quasi toutes les maisons qui regnent, n'ont-elles pas esté estrangeres dans les pays où elles regnent? sans parler des Royaumes electifs, où non seulement les peuples traitent aussi également les estrangers, que leurs compatriotes; mais les preferent le plus souuent pour euiter la diuision de ceux du pays qui y peuuent pretendre. C'est pourquoy l'autheur de ce libelle ne deuoit pas alleguer l'exemple de la Pologne, où il n'y a pas si long temps que Henry III. a esté esleu Roy, pour l'auoir oublié, & où mesme à present la famille qui regne n'est pas Polonnoise, mais Suedoise: Non plus que l'exemple de la Republique de Venise où il n'y a pas long temps que cet Estranger qu'il maudit, a esté receu auec éloge dans l'auguste corps de ce Senat si celebre pour sa prudence & pour sa resolution. Faueur si signalée, que le Cardinal de Richelieu eut vne tres-grande peine à l'obtenir, & s'estima apres plus recommandable par cette qualité, que par toutes celles qu'il auoit dans le Royaume. Mais sans aller chercher dans les histoires tant anciennes que modernes le grand nombre d'hommes illustres qui ont eu du credit dans les pays où ils estoient estrangers, & particulierement des Italiens; comme des Farneses, des Gonzagues, des Collonnes, des Doria, des Spinola, & des autres à qui les Roys d'Espagne ont confié les plus hauts emplois de leur Monarchie. Sans parler de nos

Refutation du libelle intitulé, Raisons d'Estat contre le Ministre estranger.

de nos François mesmes, comme de Bertrand du Guesclin, qui eut l'honneur de remettre vn Roy de Castille sur le Trosne, des grands hommes tant d'Eglise que d'espée qui ont gouuerné en Escosse pendant la Regence de Marie de Lorraine, & pendant le regne de Marie Stuart sa fille: de Pontus de la Garde, simple gentilhomme François, qui de petit cadet de de là le Loire deuint Connestable de Suede, où son fils a encore cette charge. La France seule, comme le pays du monde que l'on loüe le plus pour son hospitalité, fournit assez d'exemples de familles estrangeres qui y ont eu du credit, comme des Connestables Stuart ou d'Aubigny maison Escossoise, de ceux de Montmorency, originaires de Flandres, où les aisnez de cette maison sont encor en grande consideration; des Ducs de Guise, qui ont gouuerné si absolument en France sous tant de Rois, & à qui l'on reprochoit tousiours qu'ils estoient estrangers; des Ducs de Nemours, de Neuers, de Boüillon Lamark, des Schombergs, des Bassompierres, qui auoient tant de credit du temps de Henry IV. & de Loüis XIII. des familles de Strozzy de Sienne, d'Ornano de l'Isle de Corse, des Fiesques de la ville de Gennes, & des Gondis, qui doiuent leur establissement en France au Mareschal & au Cardinal de Rets, qui y ont esté fauoris du temps de nos peres, encores qu'ils fussent Italiens aussi bien que celuy à qui on le reproche maintenant. Et si on vouloit examiner la genealogie de la pluspart des grandes familles de France, elles se trouueroient auoir commencé quasi toutes par des estrangers. Mais si quelque estranger doit passer pour François naturel, ce doit estre le Cardinal Mazarin plustost qu'aucun autre. Si on ne songe qu'au premier moment de sa vie, on trouuera veritablement qu'il n'a pas esté François: mais si on compte tous les autres, on trouuera qu'ils ont esté employez pour la France, & qu'ainsi il est bien moins Italien que François; & que par consequent sa qualité d'estranger ne le doit point exclure du ministere. Ie dis bien dauantage, que de deux hommes également habiles, & également versez dans la cognoissance des affaires d'vn Estat, il n'y a pas peu de lieu de douter lequel est le plus à desirer à des peuples pour Ministre; ou celuy qui seroit de leur païs, ou vn estranger: pource qu'ils doiuent desirer celuy qu'il y a apparence qu'il les gouuernera plus doucement, & il n'y a point de doute que selon toutes les apparences vn estranger doit en vser de cette sorte. Pource qu'vn homme qui est appellé au gouuernement d'vn Royaume, dont il ne fait point partie, doit s'imaginer que tous ceux du pays sont autant d'enuieux qui croyent qu'il occupe vne place qui leur est deüe, & ainsi il doit s'efforcer bien dauantage de faire voir qu'il en est plus digne qu'eux. Secondement, n'ayant aucun appuy de son chef, il doit bien auoir plus de soin de se faire des amis, qu'vn du pays, à qui la naissance, & ses alliances en donnent. En troisiesme lieu, il doit auoir beaucoup plus de crainte qu'on ne soit mécontent de luy, & qu'on ne se sousleue contre luy, la qualité d'estranger pouuant seruir de pretexte au murmure, & n'estant pas propre pour concilier l'amour, si elle n'est secondée de beaucoup d'autres. Outre cela, il est encore bien plus indifferent enuers tout le monde, & bien moins passionné pour quelques-vns; & ainsi il luy est plus aisé d'estre iuste, & de ne se porter qu'à recompenser le merite. Comme aussi il est pour l'ordinaire moins interessé, pource qu'encore qu'il fasse venir quelques-vns de ses parens de son pays (ce qui seroit inhumain, & de peu de naturel de ne pas faire) tousiours n'en a-t'il pas vne si grande suite comme les autres, ausquels il en naist à tous moments de nouueaux, de toutes conditions, & capables de toutes charges. C'est pourquoy Catherine de Medecis, apres la mort du grand Duc de Guise François, ietta les yeux sur Christophle Duc de Witemberg, estimé de ce temps là pour sa prudence singuliere, l'enuoya prier de venir l'assister de son conseil dans l'embarras où estoient les affaires de la France pour lors, & luy en offrit l'intendance generale pendant la minorité du Roy son fils; preferant ce Prince estranger à tant d'hommes illustres, dont la France estoit remplie pour lors. Ce n'est pas aussi à cause que Monsieur le Cardinal Mazarin est estranger, qu'on luy en veut; c'est parce qu'il est Ministre. La faueur n'a iamais esté sans estre enuiée; & vn mesme homme peut rarement acquerir l'amour du Prince, & l'amour des peuples. De tout temps on a attribué tout le mal que faisoient les Princes, aux Fauoris qui les approchent. Tacite remarque que c'estoit la coustume du peuple de Rome. Et Dio-

Thuan li. 34. anno 1563.

Annal. lib. 4.

Lib. 2. cap. 3.

dore Sicilien dit la mesme chose de celuy d'Egypte. Le plus sainct & le plus parfait de tous les hommes ne sçauroit estre dans cette place, qu'il ne passe aussi tost pour vn meschant, & qu'il ne fasse crier tous ceux qu'il ne peut satisfaire. Moyse qui auoit esté choisi de Dieu pour operer ses merueilles, & qui auoit sauué les Iuifs de la captiuité d'Egypte; luy qui auoit fait descendre la manne du Ciel pour les nourrir, & fait sortir de l'eau des rochers pour leur donner à boire, ne laissa pas d'essuyer la haine qui s'attache tousiours à ceux qui ont de l'authorité. Son frere mesme Aaron fut ialoux du credit qu'il auoit. *Dieu ne nous a-t'il pas parlé aussi bien qu'à luy*, disoit-il? *Pourquoy donc s'éleue-t'il au dessus de nous? Pourquoy vous attribuez-vous vn si grand pouuoir sur le peuple de Dieu?* crioient hautement Coré & Abiron. *Qu'il vous suffise que nous sommes tous fideles au Seigneur aussi bien que vous.* Ils ne manquerent pas de prendre pretexte sur ce qu'il les faisoit mourir de faim; Aussi bien que les Parisiens ont dit ces iours passez: mais ce n'estoit qu'à cause qu'ils ne pouuoient souffrir le ioug auquel Dieu les auoit sousmis, & qu'ils vouloient auoir la liberté de faire & de dire toutes choses.

Num per solum Moysen locut' est Dominu? Nõne & nobis similiter est locutus? *Num. 12.* Sufficiat vobis, quia omnis multitudo sanctorũ est, & in ipsis est Dominus: cur eleuamini super populum Domini? *Num. 16.*

Les plus grands crimes que le peuple luy impose sont, qu'il a intelligence auec les Espagnols, qu'il n'y a point d'argent dans le Royaume, & que la paix n'est point faite.

I. OBIECT'8. *Que le Card. Mazarin a intelligence auec l'Espagne.*

Pour ce qui est du premier, qui est veritablement dans la bouche de quelques vns, mais dont la plus grande partie de ses ennemis se mocque, la haine que les Espagnols ont pour luy le iustifie assez, & l'enuie qu'ils ont qu'il soit esloigné de la Cour, monstre bien qu'il n'y auance pas beaucoup leurs affaires. Et pour quelle raison feroit-il vne si grande trahison? Toutes les choses de ce monde se font par interest, & particulierement celles qui sont contre le deuoir. On ne s'aduise gueres de faire vn crime pour rien. Et quel interest a-t'il que les Espagnols reprennent les places que nous auons en Flandres? & qu'ils appaisent les troubles de Naples & de Sicile? Puis qu'il est de ce pays-là ne pouuoit-il pas trouuer dans la reuolution generale de son pays, quelque conjoncture fauorable pour l'ambition la plus haute dont il auroit esté capable? N'estoit-ce pas son faict que les deux Royaumes secoüassent tout à fait le ioug d'Espagne, & se remissent sous la domination de France, qui l'y auroit pû establir ou Vice-Roy ou Vicaire, qui est vne qualité assez commune en Italie? Moyennant quoy il auroit pû donner des Principautez à ses parens, s'il est vray qu'il ne cherche que cela, & disposer entierement de ces deux grands Estats, à cause de leur esloignement, & de sa faueur.

Il est donc ridicule d'alleguer ces reuoltes non seulement de Naples & de Sicile, mais du Milanois, qui auoient esté mesnagées depuis si long temps auec tant de soin & d'adresse, & qui n'ont manqué de reüssir, que par vne pure permission de Dieu, qui nous a donné, comme à la mer, des bornes que nous n'auons sceu passer. Comme il est injuste pareillement de compter quelques autres petits malheurs qui nous sont arriuez depuis que ses ordres ne sont pas si ponctuellement suiuis, & que l'obeïssance s'est vn peu relaschée; & de ne pas compter le nombre des batailles & des places gagnées pendant son administration. Et ie ne sçay pas comment ces grands Politiques recognoissant qu'il a intelligence auec les Espagnols, se veulent si hautement declarer ses ennemis, pendant qu'ils s'allient tout ouuertement auec eux: Estant, ce me semble, selon les regles de la bonne foy, d'auoir mesmes amis & mesmes ennemis que ceux auec qui on s'allie; & selon les regles de la prudence, de ne pas descouurir à l'amy de son ennemy le dessein qu'on a de le perdre.

II. Obiect. *Qu'il n'y a point d'argent en France.*

La seconde chose qu'on luy objecte, c'est qu'il n'y a point d'argent en France. Il est certain qu'il y en doit auoir beaucoup moins que du temps du Cardinal de Richelieu, sans qu'il soit besoin que Monsieur le Cardinal Mazarin en ait enuoyé des flottes en Italie, & des charettes à Sedan. La premiere année de la Regence est, à ce que quelques vns ont dit, vn abysme de Comptans où les Financiers ne voyent goutte. Et ce n'est pas merueille si la Reyne, qui ne s'estoit point encore veüe en estat de faire du bien à personne, se laissa d'abord aller à ce plaisir genereux & vrayemẽt Royal, de satisfaire à son humeur liberale, & de recompenser les seruices de ceux qui luy auoient esté fideles. Ce n'a pas esté là l'argent le plus mal employé; & c'est peut-estre ce qui luy a attiré tous les bonheurs qu'elle a eus en suite. Car cet abysme où il s'est perdu, c'a esté la France mesme

mesme; & ainsi il n'y a eu que le Roy qui s'y est appauury, pendant que la France s'y est enrichie.

Il faut donc considerer que depuis la mort du feu Roy nous n'auons fait autre chose que conquerir, & nous estendre bien loin dans les pays estrangers, dans l'Italie, dans l'Espagne, & dans la Flandre. Nous n'auons quasi point eu de guerre sur nos frontieres, mais dans le cœur du pays ennemy: Et ainsi tout l'argent qui y est allé, n'en est point reuenu, mais s'est distribué parmy les estrangers. Il en a fallu vne quantité espouuantable en Catalogne particulierement, où les François ne peuuent rien prendre sans payer; & en Italie aussi, où il a sans doute plus cousté en Soldats & en Pensionnaires, que du temps du Cardinal de Richelieu: à cause que nous auons porté la guerre dans son sein, & par l'acquisition de deux places importantes que nous y auons prises, & d'vne armée nauale qui y a tousiours tenu la mer, nous auons mis toute l'Italie en bransle, & auons esté pres d'y faire vn party aussi fort que celuy d'Espagne. Chose que le Cardinal de Richelieu n'auoit iamais cruë possible, & qui y a imprimé vne aussi grande terreur du nom François, que du temps de Charles VIII. & de Loüis XII. au lieu qu'auparauant à peine entendoit-on parler de nous, comme dit vn Historien des peuples de delà l'Elbe, dont c'estoit tout ce qu'on pouuoit faire à Rome que de sçauoir le nom. Il a fallu outre cela pour les grands efforts qu'on a fait faire à nos Alliez, redoubler les subsides, & leur donner souuent des extraordinaires, ce qui n'estoit pas si necessaire que du temps du feu Roy. C'est pourquoy il ne se faut pas estonner que dans tous ces frais excessifs que la Reyne a esté obligée de faire à son aduenemēt à la Regēce, où elle a trouué le Roy son fils endebté, & tout son domaine aliené; elle n'ayt pas amassé de thresors: Puis que la feüe Reyne-Mere qui en auoit trouué que Henry IV. luy auoit laissez, & qui n'auoit point de guerre sur les bras, ne laissa pas de les dissiper, pour contenter les Princes, qui n'est qu'vne sorte de despense entre mille dont nostre Regente est chargée, encore qu'elle monte beaucoup plus haut à present qu'elle ne faisoit en ce tēps-là.

III. OBIECT. *Que la Paix n'est point faite.*

Ie ne mets point icy en question, s'il n'est pas plus auantageux à vn Estat florissant, & plein d'hommes naturellement

G

portez à la guerre, d'en entretenir vne estrãgere, par le moyen de laquelle il se descharge de mille mauuaises humeurs dont il est impossible qu'il n'abonde, & employe contre autruy des forces, qu'autrement il tourneroit contre soy-mesme; Pourquoy les grands Politiques soustiennent tous, qu'vn grand Prince doit estre tousiours armé: Que de languir dans l'oisiueté, & dans le luxe, qui causent des desordres plus grands, & des despenses plus dereglées que celles qu'on veut euiter par la paix, & où il n'y a point de matiere à la vertu heroïque. Ie suppose que la paix dans vne Regence mesme est plus auantageuse à la France, qu'vne guerre éloignée, dont elle n'auoit rien apperçeu iusques icy que par les Gazettes, & par les Te-deums, & dont elle ne ressentoit aucune incommodité, que celle de donner de l'argent pour la faire: pendant que les païs où elle la portoit, n'auoient pas seulement cette incommodité bien plus pesante encore qu'elle, mais auoient aussi pardessus celle de nourrir nos armées, aussi bien que les leurs. Dont elle doit auoir esprouué la difference dans le peu de temps de guerre ciuile où elle a esté embarrassée, qui l'a plus desolée mille fois, que dix ans de celle dont elle se plaignoit.

Mais à qui a-t'il tenu que la paix ne s'est point faite? Toute la terre n'a-t'elle pas veu que dés le commencement de l'Assemblée de Munster les Espagnols n'ont rien fait que tirer les choses en longueur? Et la declaration qu'ils font à present de ne point vouloir entendre à la paix, que tout ce qui y a esté fait, ne soit declaré nul, n'est-ce pas vne marque certaine qu'ils n'ont iamais eu enuie d'y rien faire? ou du moins qu'ils n'ont iamais eu dessein de tenir ce qu'ils y auroient fait quelque solennellement que ce fust? Ie ne sçay comment Messieurs le Nonce du Pape, & l'Ambassadeur de Venise peuuent porter de telles paroles sans quelque confusion; puis que cela ne peut tourner qu'au mespris du S. Siege, & de l'Auguste Republique, qui ont moyenné l'ajustement de tous les articles, dont l'on y est conuenu, & qui en sont par consequent les garands: & ie ne voy pas quelle asseurance on peut auoir que ce qu'on traitteroit à cette heure auec eux seroit obserué: puis qu'ils n'auroient pas apres cela plus de raisons de ne s'en pas releuer, qu'ils en ont à present.

Tous les obſtacles qui ſe ſont trouuez dans la paix, ont eſté vn effect continu de ce deſſein, que Sauedra Plenipotentiaire d'Eſpagne ne peût meſme celer en partant de l'aſſemblée, quand il dit qu'il eſtoit bien aiſe de ne ſe pas trouuer à la ſignature d'vne paix ſi deſauantageuſe pour ſon maiſtre, & qu'il n'y auoit pas d'apparence qui peuſt durer. Ils y eſtoient venus pluſtoſt pour nous des-vnir d'auec nos alliez, que pour ſ'vnir auec nous, & nous auons eu plus de peine à nous defendre de tous les artifices qu'ils employoient pour cela, que des raiſons qu'ils apportoient pour ſouſtenir leur cauſe. Ils ont fait la cour aux Suedois, & ont meſme compoſé * des liures, pour monſtrer l'ancienne alliance des Goths & des Eſpagnols. Et ils ont taſché par toutes ſortes de deferences indignes de flatter les Hollandois, accordant d'abord la main & le tiltre d'Excellence aux Deputez de ceux qu'ils traittoient auparauant de rebelles: pource qu'ils voyoient que nous faiſions quelque difficulté de leur donner ces auantages, n'y en ayant point encore eu d'exemple. La Reyne de Suede auec vne generoſité digne de la fille du grand Guſtaue, na point biaiſé dans l'obſeruation de l'ancienne alliance de ſa Couronne auec la noſtre; Et le grand Chancelier Oxcenſtern a touſiours bien reconnu le veritable intereſt de ſa patrie, malgré toutes les ruſes malicieuſes dont les Eſpagnols ſe ſont ſeruis pour nous broüiller auec luy, & qu'vn eſprit moins eſclairé que le ſien auroit eu bien de la peine à deſcouurir. La Lādtgraue de Heſſe, l'heroïne de noſtre ſiecle: quelques aduerſitez dont elle ait eſté eſprouuée, & quelques aduantages qu'on luy ait offerts, n'a point balancé non plus. Et ce n'eſt pas merueille que les fineſſes ayent mieux reüſſi parmy des eſprits plus groſſiers, plus ſuſceptibles d'intereſt, & moins capables de la belle gloire.

Corona Gothica y Castellana.

Le faſte d'Eſpagne ne ſ'eſt point abbaiſſé inutilement. Elle a crû ne pouuoir trop donner à la Hollande pour la payer d'vne infidelite de cette conſequence: Et la Hollande n'a pû ſe defendre d'accepter vne paix particuliere à des conditions qu'elle craignoit de ne pas obtenir, ſi elle la faiſoit coniointement auec nous. Dés qu'elle a eu trouué ſon compte, elle nous a abandonnez là; & ne ſ'eſt meſlée de la mediation que pour nous broüiller dauãtage auec les Espagnols, croyant que son veritable interest estoit que nous ne nous approchassions pas tant d'elle, cõme nous faisions chaque campagne, & qu'il demeurast tousjours entre deux vne puissance assez grãde pour empescher que l'on ne vinst à elle, & pas assez forte toutefois pour la destruire; ce qui ne se pouuoit faire, suiuant sa politique, que par vne paix prompte: Et que cette paix estant faite, il luy estoit auantageux aussi que les deux Couronnes ne s'accordassent iamais, & s'affoiblissent au contraire de plus en plus l'vne par l'autre; afin qu'elle restast seule paisible au milieu de l'embrasement de toute l'Europe, & qu'ainsi elle asseurast son Estat encore tout nouueau, & s'estendist plus aisément dans tout le monde par le commerce, dont le trafiq d'Espagne n'estoit pas vn petit accroissement, ce qui ne se pouuoit faire que par vne paix separée.

Apres que les Espagnols eurent acheué ce grand œuure, auquel ils trauailloient depuis si longtemps, quelle apparence y auoit-il qu'ils voulussent la paix auec nous, qu'ils voyoient auoir moins d'vne armée puissante sur la mer, & d'vne puissante sur la terre? Tout le monde sçait que leur Plenipotentiaire quitta l'Assemblée aussi tost, sans laisser aucun pouuoir de la traiter à Mõsieur le Brun, qui eut bien de la peine en fin à en obtenir vn tel quel, & qui receut de grandes reprimẽdes de Bruxelles pour auoir voulu entrer en matiere. De façon que l'on vit bien qu'il n'y estoit demeuré que pour empescher la conclusion de la paix d'Allemagne, qu'ils ne trouuent pas si peu honorable, ny si peu auantageuse à la France, qu'ils ne taschent par toutes sortes de voyes d'en empescher l'execution: Et où ils n'ont garde de nous faire l'objection que nous nous faisons nous-mesmes de la Religion, recognoissant bien que ce sont eux qui l'ont laschemẽt abandonnée dans le Traité de Hollande, permettant à la fureur de l'heresie de grands pays tous entiers, qui n'en auoient iamais esté infectez: au lieu que dans celuy d'Allemagne nous en auons sauué plusieurs grãds Eueschez qu'elle s'estoit desia appropriez. Il semble que ce n'estoit pas tesmoigner vne trop grande auersion pour la paix, mais que c'estoit plutost faire la moitié du chemin que de s'accorder ainsi auec la maison d'Austriche, & que la cholere où

la Cour

la Cour de Madrid a esté sur ce sujet contre la Cour de Vienne, est bien vne marque qu'elle ne veut aucune sorte d'accommodement auec nous.

Cela s'est passé à la veüe de toute l'Europe, qui en a esté estonnée. Et les Espagnols ont bien de la peine à se lauer de ce reproche qu'ils voyent que tout le monde leur impute. Et au lieu d'estre vnis aussi bien qu'eux sur vne chose où il y va de l'honneur de nostre Nation, il se trouue parmy nous des gens assez lasches, & assez insensez pour abandonner eux-mesmess vne cause si iuste, & pour inuenter contre nous des calomnies, dont nos ennemis mesmes n'ont pas la malice de s'aduiser, & qui n'ont rien de vray-semblable qui les puisse faire croire. S'il estoit vray qu'vn de nos Ambassadeurs eust eu tout seul le secret de la negociation, & que sur le point que les deux autres estoient pres de signer, il eust tiré de sa poche des ordres de la Cour, qu'il auoit tout preparez pour cet effet, cela auroit esté si public, qu'il n'auroit pû estre ignoré de personne. Et cependant ceux auec qui on veut que cela se soit passé, n'en ont iamais rien sceu. I'ay eu la curiosité de les entretenir tous trois en particulier sur ce sujet, & ie dois tesmoigner qu'ils ont tous également desaduoüé cette supposition, & qu'au contraire ils m'ont protesté qu'ils n'auoient iamais receu de despesches qu'en commun, & qu'ils n'en auoient point receu où il n'y eust ordre expres de haster la conclusion de cette paix, si desirée de tout le monde. En effet les autheurs de cette calomnie n'ont pas pris garde, qu'en voulant seulement noircir vn homme, que l'enuie auoit espargné iusques icy, ils deshonoroient en mesme temps ceux qu'ils pretendoient exempter de blasme : Car y a-il quelque apparence qu'vn grand Prince, & qu'vn grand Ministre eussent souffert qu'on leur eust fait cette indignité de leur cacher quelque chose de leur employ? Et quand mesme celuy qu'ils nomment confident de Monsieur le Cardinal Mazarin auroit esté capable de le seruir dans vn ministere si honteux que celuy où l'on suppose qu'on l'a voulu employer; ce que ie ne sçaurois croire d'vn homme qui a dans toute sa vie passée tesmoigné trop d'amour pour l'honneur, pour vouloir tacher son nom du reproche eternel d'auoir empesché le repos de sa patrie? Le zele qu'ils auoient tous deux pour la paix, ne fust-il pas venu à bout de sa resistance? s'ils eussent veu quelque conjoncture fauorable pour acheuer vn ouurage dont il leur deuoit reuenir tant de gloire, & dont pas vn d'eux ne pouuoit trouuer de profit de reculer l'accomplissement.

Il n'est que trop vray que c'est à nous qu'il tient que la paix n'est point faite; mais ce n'est pas dans le sens que le prennent ceux qui l'escriuent. Ce sont les desordres de Paris plustost que les ordres de la Cour qui l'ont empeschée: & plus nous nous tourmentons de ce qu'elle n'est point faite, plus nous nous mettons hors d'estat de la pouuoir faire. Il y a dix ans que les Espagnols attendent ce qui est arriué en nos iours. Et les croyons-nous si despourueus de iugement pour y vouloir entendre, tant qu'ils verront qu'ils ont autant de partisans dans Paris que le Roy mesme, & cependant qu'on leur mande de tous costez que la paix ne sçauroit durer au dedans, & que l'on n'a pas moyen de faire la guerre au dehors.

Cela vient, dit-on, de ce que le Roy n'est point à Paris. Et pourquoy Paris ne se met-il en estat de le receuoir? Est-ce au Roy à faire les aduances auec le peuple, ou au peuple à se rendre digne de la veüe de son Roy? Et y a-t'il quelqu'vn de ceux mesme qui crient le plus, qui voulust luy conseiller de reuenir dans sa ville capitale, pendant qu'on y crie aussi hautement des libelles tendans à exciter sedition, qu'on y crioit autrefois les relations de nos victoires, & qu'on y tient des discours, & qu'on y fait des choses aussi prejudiciables à son authorité, que lors qu'il a esté obligé d'en sortir? Nous crions vengeance contre les abominations que commettent les Allemans: Et nous auons bien l'impudence d'en accuser ceux qui leur enuoyent tous les iours tout l'argent qu'ils peuuent pour les faire esloigner; cependant qu'il part tous les iours des courriers de Paris pour les empescher d'aller dans le pays ennemy, & pour les exciter de mettre tout à feu & à sang. C'est ce que veulent dire ces trouppes insolentes lors qu'elles se vantent d'estre auoüées de ce qu'elles font; & cela est assez public parmy elles, sans qu'il soit besoin de l'expliquer dauantage. Nous murmurons de ce que cette armée n'est point payée, non plus que les autres: Et à qui tient-il que le Roy ne reçoiue dequoy ? Nous nous vantions de trouuer des moyens de faire faire la guerre au Roy dix ans sans charger le peuple, si on nous vouloit croire : Et cependant nous auons osté au Roy le moyen de la faire, & nous n'auons point deschargé le peuple. De la recherche des Partisans il deuoit venir vn fonds inépuisable ; & cependant cette Chambre de Iustice qui a fait tant de bruit, n'a rien rapporté, & n'a fait qu'oster le credit au Roy, & ruiner vne infinité de particuliers qui luy auoient presté de l'argent. Personne ne paye dans les Prouinces : Et ce n'est pas que la France ne soit encore assez riche, mais c'est que ceux qui ont quelque chose, le cachent. Voila l'effet de cette belle leuée de bouclier, qui nous deuoit tous mettre dans l'opulence. Nous voyons bien que les despenses de l'Estat ne diminuent point, & nous demandons diminution de toutes les charges qui sont establies pour sa subsistance. Nous voyōs tous les iours que les familles des particuliers ne se peuuent pas entretenir à present pour cent fois autant que ce qu'elles despensoient du temps de nos Peres. Et nous voulons que l'Estat subsiste, & se maintienne pour aussi peu qu'en ce temps-là. Et nous nous escrions sur l'augmentation de ce que donnent toutes les Prouinces de France, comme si c'estoit vne augmentation du reuenu du Roy, qui auoit autrefois son domaine particulier, qui a esté engagé pour les frais de la guerre, au lieu que c'est proprement vne augmentation du reuenu de l'Estat : Et qu'ainsi ceux qui empeschent qu'il n'y ait dequoy le maintenir, ne s'attaquent pas seulement à l'authorité de nos Roys, qu'ils content maintenant pour peu de chose, mais sappent les fondemens mesmes de l'Estat, pour la grandeur duquel ils se disent si passionnez.

Que voulons-nous donc faire entretenant le desordre par tout? quelles sont nos pretentions? où est le profit que nous en croyons tirer? Et que pensons-nous faire de souhaitter auec tant d'empressement l'esloignement d'vn Ministre qui a seruy si fidelement le feu Roy, & qui a comblé l'enfance de son fils de tant de triomphes? Croyons-nous en cela estre plus sages que cette grande Princesse, qui conuerse plus souuent auec Dieu qu'auec les hommes? Pensons-nous auoir plus d'affection pour le bien du Royaume, que ces deux grands Princes, qui ont tant d'intereſt à ſa conſeruation? Et nous imaginons-nous eſtre plus habiles que tant d'illuſtres perſonnages qui ont vieilly dans les plus hautes charges de l'Eſtat, & dans les negociations les plus importantes? Toutes leurs voix, qui doiuent eſtre eſcoutées auec reſpect, ne ſ'accordent point auec les noſtres: qui eſt vne marque indubitable que celle de Dieu ne ſ'y accorde pas non plus. C'eſt au Roy à ſe ſeruir de qui il veut dans ſoy Royaume, comme à vn pere de famille dans ſa maiſon; & encore bien plus abſolument. Et il eſt obligé en conſcience de ne pas laiſſer vſurper aux peuples le droict de luy oſter les Miniſtres choiſis de ſa main, & de luy en donner d'autres à leur fantaiſie.

Que ſçauons-nous auſſi bien ce que nous demandons? Eſt-ce noſtre auantage de changer ſi ſouuent de Miniſtres, qu'il faut qu'ils ſe rempliſſent touſiours ſur nouueaux frais, & qui ne tardent gueres à eſtre auſſi haïs que ceux dont ils occupent la place? Si nous voulons vn Miniſtre qui nous gouuerne auec douceur: La plus part du monde tient que le plus grand defaut du noſtre c'eſt d'en auoir trop, & que ſ'il euſt pouſſé tous ſes ennemis auſſi loin que le Cardinal de Richelieu a fait les ſiens, il ne ſeroit peut-eſtre pas à la peine où à preſent il ſe trouue: mais quand ſon adminiſtration n'auroit pas eſté douce ny moderée, comme elle a eſté iuſques icy, nous deurions touſiours nous aſſeurer qu'à l'auenir elle ne pourroit pas manquer de l'eſtre: Eſtant croyable que l'image de cette grande ville irritée luy viendra quelquesfois deuant les yeux auſſi bien que celle de la miſere generale de la France, dont en cette occaſion il a entendu les cris qu'on l'auoit empeſché peut-eſtre iuſques-là d'entendre. Si nous voulons vn Miniſtre conſtant, on l'a veu dans les tempeſtes qui ſe ſont éleuées contre luy auec vn viſage auſſi ſerain, & auſſi paiſible qu'il en auoit eu dans la plus grande bonaſſe des affaires; & ſ'émouuoir auſſi peu des calomnies dont on l'attaquoit, qu'on l'auoit auparauant veu ſe reſſentir des loüanges qu'on luy auoit données, qu'on l'a touſiours accuſé de rejetter vn peu trop auſterement. Si nous en voulons vn qui ne ſoit point intereſſé: Toute la France ſ'eſtonne du peu de bien qu'il poſſede en ſon particulier, du peu qu'il fait pour les ſiens, & de la liberalité auec laquelle

quelle il ſe deſpoüille de ſes benefices en faueur de ceux qui ont beſoin de recompenſe. Car il n'y a pas trop d'apparence qu'il ayt de grands threſors en Italie, où il y a ſi long temps que nous auons vne guerre, où il alloit de ſon honneur auſſi bien que de celuy de la France, qu'il eſt à preſumer que tout ce qu'on y a enuoyé, y a eſté conſommé ; & qu'il a fallu meſme trouuer du credit par delà ce que l'on y a enuoyé. Et il n'eſt pas raiſonnable de compter ce qu'il auoit deuant que d'eſtre premier Miniſtre chez nous: ce qui n'eſtoit pas ſi peu de choſe, qu'il ne fuſt capable de luy faire entretenir vne deſpenſe plus honorable que celle des Cardinaux les plus accommodez. Comme il n'eſt pas iuſte non plus de murmurer ſ'il a quelques bienfaits du Roy, ne pouuant faire moins que de viure de l'Autel qu'il ſert auec tant de peine ; & ſ'il fait des alliances auec des Princes qui le ſouhaitent, & qui y trouuent leur compte. Les mariages eſtans des manieres d'auancer ſes parens, qui ne ſont nullement à la foule du peuple, & n'eſtant point honteux à quelque Grand que ce ſoit, d'eſpouſer des filles qui ſont des meilleures maiſons de Rome, & qui ne cedent qu'à ces quatre premieres qui ſont du temps de la Republique.

Si apres tout cela ennuyé de ſeruir vne terre qui n'a que de l'ingratitude pour les grands ſeruices qu'il luy rend, il vouloit ſe retirer dans celle où il tient vn rang aſſez conſiderable. Pourrions-nous mettre à ſa place quelqu'vn qui ſceuſt eſtablir au dehors les affaires de la France dans le credit où il les a miſes, & entretenir au dedans vne ſi grande correſpondance dans la maiſon Royale, comme celle qui y eſt à preſent? Ne ſçait-on pas bien à quelles intrigues ces changemens-là donnent matiere? Et eſt-on aſſeuré que toutes les cabales conuinſſent en vn autre auſſi bien qu'en celuy-cy? Et qu'vn nouueau venu euſt l'authorité de les balancer dans les occaſions, & l'adreſſe de le faire auec ſuccez? cõme il a fait en vn temps, où toute la prudence humaine auroit iuré qu'il n'en viendroit iamais à bout? Et ne pourroit-on pas raiſonnablement apprehender qu'il n'arriuaſt en France, apres qu'elle auroit perdu le Cardinal Mazarin, ce qui arriua dans l'Empire Romain apres qu'il euſt perdu Craſſus*? Pompée ne pouuoit rien

* *Tẽporis anguſti manſit concordia diſcors, Paxque fuit non ſpõte ducum: nam ſola futuri Craſſus erat medius belli mora. qualiter vndas Qui ſecat, & geminũ gracilis mare ſeparat Iſthmos, Nec patiur cõferre fretum: ſi terra recedat, Ionium Ægeo frangat mare, &c.* Luc. li. 1. Pharſal.

souffrir d'égal à soy, dit Lucain, & Cesar ne pouuoit rien endurer au dessus de soy. Crassus ménagea long temps leurs esprits, & fit entre ces deux grands hômes ce que fait l'Isthme de Corinthe entre les deux mers d'Ionie & d'Egée : mais dés qu'ils n'eurent plus cette digue deuant eux, on les vid se déborder l'vn contre l'autre auec tant d'impetuosité, que toute la terre en fut desolée.

Voila cette longue suite de biens que doit apporter l'éloignement de ce grand Ministre, & ce nombre infiny de maux dont il est l'autheur. D'où il aisé de voir, Que la voix du peuple qui crie contre luy, n'est point la voix de Dieu, pource que ce n'est point la voix de la verité, dont il est le principe : mais plustost de ces voix que le Prophete appelle des voix d'iniquité, & de tromperie.

Verba oris eius iniquitas, & dolus. *Psal.* 34.

FIN.

www.ingramcontent.com/pod-product-compliance
Ingram Content Group UK Ltd.
Pitfield, Milton Keynes, MK11 3LW, UK
UKHW012123240726
13965UKWH00005B/1934